SCÉAL SCOIL ÉANNA

The Story of an Educational Adventure

Clár/Contents

G000058718

Cóipcheart/Copyright: Coimisinéirí na nOibreacha Poiblí
ISBN 0 946617 04 X
Commissioners of Public Works

Foilsithe ag Seirbhís na bPáirceanna agus na Séadchomharthaí Náisiúnta, Oifig na nOibreacha Poiblí, 1986.
Published by the National Parks and Monuments Service, Office of Public Works, 1986.

Údar: Pádraig Mac Cuaig, Coimeádaí, Músaem an Phiarsaigh.
Grianghrafanna: Con Brogan, muna ndeirtear a mhalairt.
Clóchur & dearadh: Máire Davitt, Vermilion.

Written by Pat Cooke, Curator, Pearse Museum. Photographs, except otherwise credited, by Con Brogan of the National Parks and Monuments Service. Typesetting and design by Vermilion. Printed by Criterion Press.

Réamhrá

Sular cailleadh í sa bhliain 1932, d'fhág Máiréad, Bean Mhic Phiarais le huacht 'an t-eastát seo ag an Náisiún le coimeád mar ail in úir ar mo bheirt mhac, Pádraig agus Liam'. Ach ní go dtí bás a hiníne, an Seanadóir Máiréad Nic Phiarais, sa bhliain 1969, a tháinig an áit faoi chúram an náisiúin ar deireadh thiar. Thar ceann an náisiúin, ghlac an tUachtarán Éamonn de Valera go foirmeálta le heochair Scoil Éanna i rith chomóradh na Cásca 1969. Deich mbliana níos faide anonn, céad bliain i ndiaidh bhreith an Phiarsaigh (10ú Samhain, 1979), b'é an tUachtarán Pádraig Ó hIrghile a d'fhógair cead isteach a bheith ag an bpobal go dtí an teach agus na garraithe, faoi chúram Oifig na nOibreacha Poiblí.

Tháinig ann don Mhúsaem seo, mar sin, de bharr ríog an duine aonair agus an phobail aird agus urraim a thabhairt d'fhir mhóra agus dá ngníomhartha trí chuimhneachán leanúnach saolta a thógaint ina n-onóir.

I mblianta tosaigh an stáit nua, idir 1923 agus 1966, thuill Pádraig Mac Piarais meas a bhí simplí agus, ar uairibh, neamhcheisteach ó náisiúnaithe Éireannacha. Lasmuigh de chorr-eisceachtaí fáin, ní go dtí 1969 agus na blianta dar gcionn a tháinig lánchiall rún an Phiarsaigh faoi athscrúdú forleathan. De réir mar a ghéaraigh ar na hargóintí a bhain le bunúis stairiúla thrioblóidí an Tuaiscirt i rith na seachtóidí, tháinig cáil an Phiarsaigh faoi lé tuairimí antoisceacha — cosaint dhall ar thaobh amháin, ionsaí míchuibheasach ar an taobh eile.

Tá an fhírinne, atá níos casta, i mball éigin idir eatarthu. Is anseo a thagaimid ar an bhfear a raibh laigí comónta an

Introduction

Before her death in 1932 Mrs. Margaret Pearse bequeathed in her will 'the said property to the Nation to be kept as a memorial for my two sons Patrick and William'. However it was not until the death of her daughter, Senator Margaret Pearse, in 1969 that the place finally passed into the nation's keeping. During the Easter celebrations of 1969 President de Valera formally accepted the key of St. Enda's on behalf of the nation. Ten years later, on the centenary of Patrick's birth (10 November, 1979) it fell to President Hillery to declare the house and grounds formally open to the public, under the care of the Office of Public Works.

This museum arises, therefore, out of the individual and collective impulse to admire and venerate great men and their achievements by raising up some physical, enduring monument to them.

In the first decades of the new state, between 1923 and 1966, Patrick Pearse was the object of a simple and sometimes unquestioning admiration by Irish nationalists. With a few isolated exceptions, it was not until 1969 and the years following that the full implications of what Patrick Pearse stood for became the focus of widespread reassessment. As the arguments about the historical origins of the northern conflict intensified through the seventies, Pearse's reputation suffered the extremes of blind defence and debunking assault.

Somewhere between the two lies the more complicated truth. It is here we find a man who along with those exceptional qualities of courage and idealism bore also the common marks of human frailty. It was Pearse the selfless educationalist, much more than Pearse the image-

An tUachtarán Éamonn de Valera ag glacadh eochair Scoil Éanna ó Éamonn de Barra ag searmanas oifigiúil ar Luan Cásca 1970

President Éamonn de Valera accepting the key of St. Enda's from Mr. Éamon de Barra at a formal ceremony on Easter Monday, 1970

daonnaí le léamh air chomh maith le cáilíochtaí éagoiteanna an mhisnigh agus an idéalachais. B'é an Piarsach faoi chló an oideachasóra ghnaíúil seachas an Piarsach, mar fhile íomhá-shamhailteach agus reibiliúnaí, ba mhó ab ionraic i dtaobh a leithéid seo de laigí. 'Is í fíor-obair an mhúinteora', scríobh sé, 'cabhrú leis an leanbh é féin a shlánú ar a fheabhas agus ar a fhiúntas in ionad bheith ag iarraidh macasamhail de féin a dhéanamh de gach duine dá dhaltaí (nár lige Dia é!), leis na tuairimí, claonta, tola agus seachmaill chéanna aige leis féin'. B'fhéidir gurb acmhainn dúinn glacadh le briathra an Phiarsaigh ar an bpointe seo ar a laghad agus tús-ionad a dhéanamh dá fholáireamh, 'nár lige Dia é!' agus sinn á mholadh, á mheas, á léirmhíniú.

conscious poet and rebel, who was unusually honest about such failings. 'The true work of the teacher', he wrote, 'is to help the child to realise himself at his best and worthiest and not want to make each of one's pupils a replica of oneself (God forbid), holding the self-same opinions, prejudices, likes, illusions'. On this point we might perhaps take Pearse at his own word, and make that 'God forbid' the starting point of our admiration, our appraisal, our exploration.

In visiting the place where some renowned man has lived, or where some famous event has taken place, we experience something that can never be captured in a book. It was in this place that the mother, brother and sisters of Patrick Pearse strove with him to bring to life an

3

'An baile ab fhiúntaí . . .'   *'The worthiest home. . .'*

Nuair a thugaimid cuairt ar láthair inar mhair duine clúiteach nó inar thit eachtra cháiliúil amach, airímid rud éigin nach féidir le leabhar a ghabháil chuige ar chor ar bith. Ba san áit seo a d'oibrigh máthair, deartháir agus deirfiúracha an Phiarsaigh leis chun beart a dhéanamh d'fhís inspioráideach ar an rud is fíor-oideachas ann. Agus é ag siúl an tí agus na ngarraithe timpeall air, thiocfadh leis an gcuairteoir cuid éigin de mhisneach agus de ghealltanas an fhir a bhrath, a dúirt go mba chóir go mbeadh an suíomh ba bhreátha amuigh ag Scoil Éanna 'ós aici a bhí an aidhm ab airde i gcúrsaí oideachais thar scoileanna uile na hÉireann'.

inspired vision of what education should really be like. In moving through the house and about the grounds the visitor may, with an effort of imagination, sense something of the courage and commitment of a man who felt that as St. Enda's 'had the highest aim in education of any school in Ireland: it must have the worthiest home'.

Na Blianta Luatha: Beoú an Idéil

I gcaogaidí na naoú haoise déag, tháinig Séamas Mac Piarais, Sasanach óg de dhealbhóir cloch, go hÉirinn chun a cheird a chleachtadh i dtír ina raibh an borradh i dtógáil eaglaisí faoi lánseol. Faoi na seachtóidí luatha, bhí éirithe chomh maith sin leis go mba acmhainn dó Leachtoibreacha Dealbhóireachta dá chuid féin a chur ar bun in uimhir a 27, Sráid Mhór Brunswick (Sráid an Phiarsaigh mar a thugtar uirthi anois). I ndiaidh bás a chéad mhná, phós sé ar Mháiréad Ní Bhrádaigh sa bhliain 1877 agus thug sé a bhrídeog chun cónaithe leis go dtí na seomraí os cionn na ceardlainne. Is anseo a saolaíodh a gceathrar leanbh, Máiréad (1878), Pádraig (1879), Liam (1881) agus Máire Bríd (1884).

B'as Contae na Mí do mhuintir Mháiréad Ní Bhrádaigh, áit a raibh feirm bheag ar cíos acu. Cailleadh beirt dá sinsir in Éirí Amach 1798. B'éigean dá seanathair — cainteoir dúchasach Gaeilge — agus dá chlann aistriú ó dheas go dtí cathair Bhaile Átha Cliath mar gheall ar an nGorta Mór.

Duine dúnárasach neamhspleách ab ea Séamas Mac Piarais. Maidir le caitheamh aimsire, thug sé formhór a chuid ama le léitheoireacht agus le féin-oiliúint. Dá chionn sin, b'annamh cuairteoirí a theacht go dtí an tigh, lasmuigh de ghaolta a mhná céile. Cuairteoir minic a raibh an-chion ag na leanaí uirthi ab ea a seanaintín Máiréad. D'fhág sí lorg lena shaol ar mhac a deirféar, Pádraig, buachaill íogair samhlaíoch. B'ise a mhúscail ann grá do theanga na Gaeilge agus dúil chumhach i ngaiscí laochas na bhfabhalscéalta a d'eachtraigh sí dóibh. Blianta fada anonn,

Early Years: The Awakening of an Ideal

In the 1850's James Pearse, a young English stone-carver, came to Ireland to practice his skills in a country where a boom in church building was in full swing. By the early 1870's he had prospered enough to set up his own Monumental Sculpture works at 27 Great Brunswick Street (what is now Pearse Street). After the death of his first wife he married Margaret Brady in 1877, and brought his young bride to live with him in the rooms above his workshop. It was here that their four children, Margaret (1878), Patrick (1879), Willie (1881), and Mary Bridget (1884) were born.

Margaret Brady's people came from County Meath where they had been small

James Pearse (1839-1900)

Séamas Mac Piarais (1839-1900)

5

Grúpa teaghlaigh (c.1888). Na leanaí (ó chlé): Pádraig, Máire Bríd, agus Máiréad
Family group (c.1888). The children (from left): Patrick, Mary Bridget, and Margaret

scríobh sé ina taobh:

> Is cuimhin liom, is mé i mo leanbh, bheith i mo shuí cois tine móna agus seanbhean cheannliath ag eachtraí scéalta béaloidis. Is ón seanchaí cneasta sin a fhoghlaimíos ar dtús a uaisle is a mhodhúla is atá ár máthair Éire, a mhilse is atá sé grá a thabhairt di . . . is uaithi siúd a thuigeas chomh maith go raibh guth agus teanga faoi leith ag Éirinn; chuala óna béal siúd ainmneacha Chú Chulainn agus Fhearghusa agus Fhinn an chéad lá.

Neartaigh a leithéid seo de dhlúth-léargas ar theanga agus ar sheanchas na Gaeilge i bprionsabal é, prionsabal a threoródh a ghníomhartha mar oiliúnaí ar ball: gurb í an eiseamláir phearsanta amháin a fhaigheann cion i ndáiríre agus luachmhaireacht teanga á háiteamh ar dhaoine; bearta, in ionad briathra folmha a bhí ag teastáil.

Tar éis dóibh scoil phríomháideach a fhreastal ar feadh cothrom is trí bliana, cuireadh Pádraig agus Liam go dtí Scoil tenant farmers. Two of her ancestors had died in the 1798 rebellion and her grandfather, a native Irish speaker, had been forced by the famine of the 1840's to move with his family to Dublin.

James Pearse was an aloof and self-contained man who devoted most of his leisure hours to reading and self-education. Consequently there were few visitors to the Pearse household, apart from his wife's relatives. For the children a frequent and much loved visitor was their great-aunt Margaret. On Patrick, her deeply imaginative grand-nephew, she left a lasting impression. It was she who kindled in him a love for the Irish language, and a wistful longing for the deeds of legendary heroism she conjured in her stories. He wrote of her in later years:

> I remember as a child sitting by a turf fire and listening to a grey-haired woman telling Irish folktales. From that gentle *seanchaí* I first learn-

Grúpa scoile, Scoil na mBráithre Críostaí, Rae an Iarthair, 1893. Tá Pádraig ina shuí ar fhíor-dheis
School group, Westland Row CBS, 1893. Patrick is seated on the extreme right

Liam Mac Piarais   Willie Pearse

na mBráithre Críostaí ar Rae na nIartharach sa bhliain 1891. Le linn a n-óige, d'éirigh comhbhá dhlúth eatarthu nár chuaigh i léig riamh. I mblianta deireanacha a saoil, scríobh Pádraig an méid seo i dtaobh Liam: 'Agus mé i mo gharsún, b'é siud an t-aon pháirtí a bhí agam; nuair a d'éiríos suas, ní raibh de dhlúth-chairde agam ach é'.

Le linn dó bheith ag ullmhú do scrúdú na Meánteistiméireachta i Rae na nIartharach, chuaigh an Piarsach amach ar dtús ar an gcóras scrúdaithe leatromach a cháinfeadh sé chomh géar sin níos déanaí nuair ba mhúinteoir agus scríbhneoir é. Ach in ainneoin sclábhaíocht na scrúduithe, thug sé faoi ábhar amháin a mbeadh grá dílis aige dó feasta: an Ghaeilge. Bíodh go raibh dáimh aige le litríocht an Bhéarla chomh maith (dhéanadh sé cuid dá raibh i leabharlann a athar a léamh os ard don chlann, saothair Shakespeare, Milton agus Dickens ina measc), níorbh fhada gur thug sé tús áite don Ghaeilge.

ed how gracious and noble is Mother Éire, how sweet a thing it is to love her . . . with her, too, I first realised that Éire had a voice and a speech of her own; from her I first learned the names of Cuchulainn and Fergus and Fionn.

Such an intimate revelation of the Irish language and its lore instilled in him a principle that later guided his activities as an educationalist: in converting others to the value of a language only personal example was truly inspirational; good works, not empty professions of faith, were what counted.

After attending a private school for about three years Patrick and Willie were sent to the Christian Brothers' School, Westland Row in 1891. In childhood the brothers formed a close bond of affection which never waned. In the last year of their lives Patrick wrote of Willie, 'As a boy he was my only playmate; as a man he has been my only intimate friend'.

In studying for his Intermediate Certificate at Westland Row Pearse had his first experience of the oppressive examination system he later so much deplored as a teacher and writer. But despite the horrors of grinding for exams, he took up one subject for which he never lost his love: Irish. Though he loved English literature too (from his father's library, which included the works of Shakespeare, Milton and Dickens, he used to read aloud to the family), Irish soon gained first place in his affections.

Pearse's intimate discovery of the Irish language coincided with the upsurge of a popular movement dedicated to its revival. In 1893 Douglas Hyde, Eoin MacNeill and others founded the Gaelic League with the aim of saving the language from extinction and making it once again the everyday language of Irishmen. Three years later, at the age of sixteen, Pearse joined the movement.

Taca is an t-am a bhfuair an Piarsach aithne mhaith ar an nGaeilge, bhí gluaiseacht fhorleathan ag teacht chun cinn a raibh d'aidhm aici an Ghaeilge d'athbheochan. Sa bhliain 1893 chuir Dúghlás de hÍde, Eoin Mac Néill agus daoine eile Conradh na Gaeilge ar bun. B'é cuspóir an Chonartha an Ghaeilge a thabhairt slán ó bhás agus teanga laethúil na nGael a dhéanamh di. Trí bliana ina dhiaidh sin, in aois a shé bliana déag, dhein ball den Chonradh den Phiarsach.

Ar feadh deich mbliana ina dhiaidh sin, chaith sé lán a dhúthrachta agus a thallainn ag eagrú agus ag scríobh don Chonradh. Tugadh aitheantas dá dhíograis gan mhoill agus fuair sé ardú céime go dtí na Coistí Stiúrtha agus foilsithe. Sa bhliain 1903 dhein eagarthóir pháipéar an Chonartha de, *An Claidheamh Soluis.*

Throughout the following decades he devoted his boundless energy and talents as an organiser and writer to the League. His commitment rapidly gained him promotion to the Executive and Publication committees, and in 1903 he succeeded to the key post of editor of the League's newspaper, *An Claidheamh Soluis* (The Sword of Light).

In June 1905 Pearse sailed from Kingstown with his sister Margaret for a month in Belgium. The visit, however, was to be no ambling tourist holiday. Earnestly, he set himself a workmanlike goal: to study bilingualism in the schools of Flanders, where Flemish was taught along with French, the official language of the state. So each morning Margaret was left to her own devices as her brother rushed off in the company of an inspector to visit a formidable agenda of schools.

Eoin Mac Néill (1867-1945)
Eoin MacNeill

Dúghlás de hÍde (1863-1947)
Douglas Hyde

An Piarsach (i lár baill le cuachóg) ag Comhdháil Ionadaíochta Chonradh na Gaeilge 1901 i mBaile Átha Cliath
Pearse (centre with bow-tie) at the Gaelic League's Representative Congress of 1901 in Dublin

I Meitheamh na bliana 1905 thriail an Piarsach agus a dheirfiúr, Máiréad, ar bord loinge ó Dhún Laoghaire go dtí an Bheilg chun mí a chaitheamh sa tír sin. Níorbh aon tsaoire thurasóireachta acu í, áfach. Leag sé amach sprioc dícheallach dó féin: taighde a dhéanamh ar an dátheangachas i scoileanna na bPléimeannach, ina raibh an Phléiminnis agus an Fhraincis, teanga oifigiúil na tíre, á múineadh taobh le taobh. Gach maidin, d'fhágtaí aire Mháiréad uirthi féin agus thugadh sé siúd sciúird reatha timpeall go dtí an t-uafás scoileanna difriúla i dteannta cigire.

Spreag a bhfaca sé sa Bheilg go mór é. Nuair a d'fhill sé ar Éirinn, scríobh sé thart ar thriocha alt don *Chlaidheamh* ag cur síos ar chleachtadh an dátheangachais.

D'aithin Conradh an Gaeilge ó thús go

What he saw in Belgium proved immensely inspiring. On his return he wrote some thirty articles for the *Claidheamh* describing how bilingualism worked in practice.

From the start the Gaelic League had recognised that if Irish were to stand any real chance of survival the education system would have to be radically overhauled. Yet attempts to make headway on this front had been frustrated by an educational establishment largely hostile to the language and sceptical of bilingual methods.

Now Pearse, encouraged by his experience in Belgium, became convinced of the need to demonstrate practically to his fellow countrymen that bilingualism worked, and that children raised with

An Piarsach ar mhótar, agus é i mbun ghnóthaí an Chonartha san Iarthar, samhradh 1907
Pearse, motorised, on Gaelic League business in the West, summer 1907

gcaithfí an córas oideachais a athrú ó bhonn le go mbeadh seans ceart ag an nGaeilge ar théarnamh slán. Ach cuireadh na hiarrachtaí a deineadh chun é seo a thabhairt i gcrích ó rath toisc go raibh seanfhondúireacht an oideachais naimhdeach leis an teanga agus amhrasach i dtaobh modhanna dátheangacha.

Ghlac an Piarsach misneach óna thaithí ar an mBeilg agus d'éirigh sé suite ina aigne den ghá a bhí le hoibriú an dátheangachais a chruthú go praiticiúil dá chomh-Éireannaigh. Chaithfí a léiriú dóibh nach raibh aon mhí-bhuntáiste ag leanúint tógaint leanaí le líofacht Béarla *agus* Gaeilge i saol ina raibh an Béarla in uachtar.

Ach bhí na Conraitheoirí ba dhiongbháilte, fiú — Eoin Mac Néill ina measc — in amhras i dtaobh na tástála costasaí ba ghá a chur ar bun chun é seo a chruthú. Mar ba dhual d'fhear dá

equal proficiency in Irish and English would suffer no material disadvantage in a world where English predominated.

However, even the staunchest of Gaelic Leaguers, MacNeill among them, hesitated at setting up the kind of costly experiment that might prove the point. True to character, others' hesitations only strengthened Pearse's resolve to do something himself: he would set up and run his own school. It would be a school dedicated to the principle that 'an Irish school, like an Irish nation, must be permeated through and through by Irish culture, the repository of which is the Irish language'.

So with little more than the family house, and the combined financial resources of Patrick and Willie, St. Enda's opened its doors for the first time at Cullenswood House, Ranelagh on 8 September, 1908.

thréithe, níor dhein easpa misnigh daoine eile ach rún an Phiarsaigh a dhaingniú: chuirfeadh sé scoil dá chuid féin ar bun. Bheadh an scoil seo tógtha ar an bprionsabal 'go gcaithfeadh scoil Ghaelach, cosúil le náisiún Gaelach, bheith fáiscithe tríd is tríd as an gcultúr Éireannach agus is í an teanga Ghaelach cumhdach an chultúir sin'.

Gan mórán de bhreis ar theach an teaghlaigh agus airgead an bheirt deartháireacha, Pádraig agus Liam, ar thaobh an tsochair aici, osclaíodh Scoil Éanna don chéad uair i dTeach Cullenswood i Raghnallach, ar an ochtú lá de mhí Mheán Fómhair, 1908.

Teach Cullenswood 1908-1910

Tomás Mac Donnchadha (1878-1916)
Thomas MacDonagh

I bpáirt le Tomás Mac Donnchadha, an Máistir Cúnta anamúil, a dheartháir Liam, a mháthair agus a dheirfiúracha, thug an Piarsach faoi fheachtas anamúil oideachais a dhéanamh de Scoil Éanna, scoil a bheadh i bhfad ar shiúl ó cheartchreideamh marfach na Meán-teistiméireachta. Dhearbhaigh sé i Réamheolaire na scoile nárbh í a n-aidhm 'cinn na mbuachaillí a phulcadh faoi chomhair scrúduithe' ach 'luí agus tréithiúlacht gach duine ar leithligh a mhúscailt'.

Bhain sé feidhm as córas na luath-staire mar eiseamláir oideachais. Bhí sé seo bunaithe ar an ngaol speisialta a bhí ag an *aite* (oide) lena *dhalta*. Is í aidhm a bhí ag an gcóras sin, dar leis, 'na tréithe pearsanta a mba dhual agus dúchas don anam a shlánú chomh hiomlán agus ab fhéidir é'.

Lá amháin, tháinig athair duine dá mhic léinn go dtí an Piarsach. Ghearán sé go mba bheag suime a bhí ag a mhac i

Cullenswood House 1908-1910

With the help of his ebullient Assistant Headmaster, Thomas MacDonagh, his brother Willie, his mother and his sisters, Pearse set about moulding St. Enda's into an exciting educational experiment, far removed from the grinding orthodoxy of the Intermediate Examination system. In the school Prospectus he wrote that the goal would be 'not at all the cramming of boys with a view to success at examinations, but rather, 'the eliciting of the individual bents and traits of each'.

For his model in education he looked back to the early Irish system, centred on the relationship between *aite* and *dalta* or *fosterer* and *foster-child*. The goal of that system he saw as the nurturing of the 'elements of character native to a soul, to help to bring these to their fullest perfection'.

leabhartha nó i gcúrsaí léinn; níor nath leis aon ní ach bheith ag seinm ar an bhfeadóg stáin. Cad a dhéanfadh sé leis an liúdramán seo? Bhí an freagra an-simplí, dar leis an bPiarsach: ceannaíodh sé feadóg stáin mhaith dó.

Má bhí an rath le bheith ar phrionsabal seo na féiniúlachta, b'eol don Phiarsach go gcaithfeadh sé leibhéal saoirse a dheonú dá mhic leinn a bhí go hard os cionn an mheáin i gcomórtas le scoileanna eile na hÉireann. B'eol dó chomh maith, áfach, an choimheá idir ainriantacht agus saoirse a bheith an-leochaileach ar an leibhéal praiticiúil; bhí a sheasamh leis an bhfíorsaoirse 'nach mbíonn ach mar a mbíonn an smacht' nuair 'nár lú leis an duine saoirse daoine eile ná a shaoirse féin'.

Níor bhain maoithneachas leis an bPiarsach. Bíodh go raibh aidhmeanna ard-intinneacha cultúrtha agus spioradálta

One day the father of one of his pupils came to Pearse, complaining that his son seemed to have no interest in his books or study; all he ever seemed to have time for was tootling on a tin-whistle. What should he do with the little good-for-nothing? To Pearse the answer was obvious: buy him a good tin-whistle.

If this principle of self-expression was to succeed at St. Enda's Pearse knew that he would have to allow his pupils a degree of freedom unheard of by the standards prevailing in Irish schools. He was equally aware, however, that practical freedom was a delicate balance between liberty and licence; he made a plea for 'that true freedom which can exist only where there is discipline', where each individual 'valuing his own freedom, respects also the freedom of others'.

Pearse was not a sentimentalist. Though

Mícheál Mac Ruaidhrí, garraíodóir Scoil Éanna ar chainteoir dúchasach Gaeilge é, ag stiúrú rang garraíodóireachta i gCullenswood

Mícheál Mac Ruaidhrí, St. Enda's native Irish speaking gardener, supervising a gardening class at Cullenswood

Muintir Mhic Phiarais agus aeracht an tsamhraidh orthu — straw-boater á chaitheamh ag an bPiarsach
The Pearse family in summery mood, with Patrick sporting a straw-boater

ag Scoil Éanna, thuig sé go maith go mba dhaonnacht chomónta earráideach a bhí mar amhábhar leo — daonnacht a raibh diabhlaíocht na n-óg ag baint léi chomh maith. Sa bhliain 1914, bhreac sé 'blúire céille' amháin a bhí foghlamtha aige le linn dó bheith ina mháistir scoile:

> Meabhraigh i gcónaí nach aingil ach garsúin atá faoi do chúram sa scoil. Dhearmadfadh an múinteoir díograiseach ar uairibh nach ag plé le hidéal an tsuáilcis atá sé agus baintear siar go mór de agus teipeann ar a mhisneach nuair a thuigeann sé gur fada ón idéal a mhic léinn féin.

Is ar éigean go raibh aon chuid den phionós corportha i Scoil Éanna. D'éirigh leis na múinteoirí a mic léinn a stiúradh mar gheall ar an meas a thuilleadar féin agus trí sprid na honóra a chothú iontu, in ionad eagla a chur orthu. Ba chuimhin le mac léinn amháin:

> Ní bhítí ag faire ort nó ar do choimhéad ar feadh an ama. Chuirtí faoi bhrí d'onóra tú. An chéad

St. Enda's aspired to lofty cultural and spiritual goals, the stuff of those goals, as he knew well enough, was common, fallible humanity — and mischievous juvenile humanity at that. In 1914 he wrote of 'one piece of sanity' he had learned from being a schoolmaster:

> Always remember that in a school you have to deal with boys, not cherubim. An enthusiastic teacher often makes the mistake of forming an ideal picture of schoolboy virtue, and is shocked and disheartened when he finds that his actual pupils fall far below his ideal.

There was virtually no corporal punishment at St. Enda's. Teachers controlled their charges through inspiring respect and a sense of honour, rather than through instilling fear. One pupil later remembered:

> You were not watched or kept under constant observation. You were put on your honour. And on your first transgression Pearse called you to

uair gur dhein tú na rialacha a shárú, ghlaodh an Piarsach isteach go dtí'n a oifig ort; thug tú d'fhocal nach ndéanfá arís é — agus ba ghnách leat cloí le d'fhocal.

Deineadh iarracht sprid na freagarthachta agus na rannpháirtíochta i mbun na scoile a chothú sna buachaillí chomh maith. Bhí lámh acu i gcruthú an churaclaim agus is iad a roghnaigh captaen na scoile. Bhí irisleabhar neamhfhoirmeálta dá gcuid féin acu — *An Scoláire* — agus ligtí dóibh fonóid éadrom a dhéanamh faoi na múintoirí ann. B'é seo an chéad vearsa de dhán amháin a foilsíodh ann:

> William Pearse's locks are long
> His trousers short and swanky
> When in the study-hall he stands
> He does look very cranky

Dhein an Piarsach cur síos uair amháin ar an léamh a dhein sé siúd ar chóras

his study; you gave your word not to offend again, and you usually kept your word.

A sense of responsibility for and involvement in the running of the school was also encouraged. The pupils had a say in the formation of the syllabus and elected their own school captain. They had their own informal magazine, *An Scoláire* (The Scholar), in which they even had the freedom to make mild mockery of their teachers. The opening verse of one poem that appeared in it ran:

> William Pearse's locks are long
> His trousers short and swanky
> When in the study-hall he stands
> He does look very cranky

Pearse once described his vision of the early Irish system of education, the blueprint for his own ambitions:

> There were no State art schools, no State technical schools . . . men became artists in the

Con Mac Cóilbéir (1896-1916), a chuirfí chun báis ar ball mar gheall ar a pháirt san Éirí Amach, ag coimhéad ar ghrúpa de bhuachaillí Scoil Éanna le linn seisiún druileála

Con Colbert (1896-1916), later to be executed for his part in the Rising, watches over a group of St. Enda's boys during a drill session

Sgoil Éanna, Rát Feaṁnáin : peileaḋóirí (Sóiṁip), Lucṫ Buaiḋṫe Cupaḋ-ṁír Baile Áṫa Cliaṫ, 1910-11.
St. Enda's College, Rathfarnham : Junior Football Team, Holders of Dublin Schools Cup, 1910-11.
p. Breaṫnaċ, R. Mac Aṁlaoiḃ, b. Ó Tuaṫail, S. Mac Diarmaḋa, S. Ó Dúnlaing, p. Ó Maolṁuaiḋ, C. Mac Fionnlaoiċ
F. Ó Doċartaiġ, S. Ó Dulġaill, b. Seoiġe, F. De Búrca (Taoireaċ), U. Ó Cúlacáin, b. Ó Cléiriġ,
C. Ó Cléiriġ, S. Ó Conċobair.

oideachais na luath-staire in Éirinn, fréamhshamhail a aidhmeanna féin:

'Níorbh ann d'ealaín-scoileanna Stáit ná do cheard-scoileanna Stáit . . .dhein ealaíontóirí de dhaoine i saotharlanna na máistrí, d'fhoghlaim daoine a gceird i gcéarta máistir-cheardaí éigin. B'é an duine aonair i gcónaí a bhíodh ag spreagadh, ag stiúradh, ag oiliúint'.

Seans go samhlódh glúin eile an fhís seo a bheith ró-idéalach agus neamh-phraiticiúil amach is amach. Ach fear dá thréimhse féin ab ea an Piarsach agus tuigtear cheana féin go raibh an tréimhse sin an-suntasach i gcomhthéacs stair na hÉireann maidir le sprid na cruthaitheachta agus na hintleachta. Agus an scoil curtha ar bun aige, níorbh fhada gur chuir sé aithne ar réimse leathan daoine éirimiúla a thacaigh leis an gcaighdeán ard céanna d'idéalachas cultúrtha. Mhínigh Máire Ní Choluim, múinteoir i Scoil Íde (an scoil chailíní a chuirfeadh sé ar bun i dTeach Cullenswood níos déanaí nuair a d'aistreodh sé scoil na mbuachaillí amach

studio of some master-artist, men learned crafts in the workshop of some master-craftsman. It was always the individual inspiring, guiding fostering.

To a different generation such a vision might seem too idealistic and hopelessly impractical. But Pearse was a man of his times; and those times have already become remarkable in Irish history for their exceptional spirit or creativity and inventiveness. When Pearse set up his school he soon found a wide spectrum of talented people who shared and supported his own high level of cultural idealism. Mary Colum, a teacher at St. Ita's (the girls' school he was to set up at Cullenswood when he moved the boys school to Rathfarnham) later summed up the enthusiastic atmosphere of the period

the staff of Pearse's two schools were knit int all the causes. . . . Looking back, it seems incred ible that so many young people were eager t devote their lives to the service of causes an ideals rather than the normal things of youth

That remarkable period, lying roughl

16

go dtí Ráth Fearnáin), atmaisféar liográiseach na linne sin:

> bhí foireann dhá scoil an Phiarsaigh páirteach i ngach uile chúis dá raibh. . . . Ar fhéachaint siar, is deacair a chreidiúint go mba thoil leis an oiread sin daoine óga a saol a thabhairt le cúiseanna agus le hidéalachas, seachas le gnáth-chúraimí na hóige.

Is é a thugtar ar an tréimhse shuntasach sin, ó bhás Pharnell sa bhliain 1891 go dtí Éirí Amach 1916, an Athbheochan. B'í Amharclann na Mainistreach, a chuir W.B. Yeats agus an Bhantiarna Gregory ar bun sa bhliain 1904, fócas na nuadhrámaíochta a tháinig chun cinn. Is ar ar athaimsigh scríbhneoirí dúchasacha Béarla de theanga agus de litríocht na hÉireann a bhí an nua-dhrámaíocht bunaithe, cuid mhaith.

Ceithre bliana i ndiaidh bhunú Amharclann na Mainistreach, d'oscail an Piarsach doirse Scoil Éanna. Ní haon áibhéal é, mar sin, dhá thurgnamh institiúideacha na hAthbheochana a thabhairt ar Scoil Éanna agus ar Amharclann na Mainistreach araon. Ní hamháin sin, ach bhí plé an-mhór ag na pearsana a bhain leis an dá institiúid le chéile.

Tháinig Tomás Mac Donnchadha, a dhein a chéad bhailiúchán filíochta a thiomnú do W.B. Yeats, go dtí Scoil Éanna i mí Mheán an Fhómhair, 1908. Dhá mhí ina dhiaidh sin, léiríodh a chéad dráma in Amharclann na Mainistreach. Ansin, thosaigh an Piarsach ar dhrámaí a scríobh le haghaidh bhuachaillí na scoile. Léiríodh trí dhráma leis sa Mhainistir sna blianta dar gcionn: Íosagán (1910); Dráma na Páise (1911); An Rí (1913). Thairg Yeats An Rí a léiriú chun cuidiú leis an scoil deacrachtaí airgid a shárú. Dhein an Piarsach a bhuíochas a thabháil go modhúil le Yeats as ucht a chlaithiúlachta in altanna irisleabhar na

between the death of Parnell in 1891 and the 1916 Rising, has come to be known as the Irish Revival.

The Abbey Theatre, set up in 1904 by W.B. Yeats and Lady Gregory, became the focal point for a new wave of Irish drama, based largely on a rediscovery of Gaelic language and literature by writers whose first language was English.

Only four years after the founding of the Abbey Pearse set up St. Enda's. It is hardly an exaggeration, therefore, to speak of the Abbey and St. Enda's as the two great institutional experiments of the Irish Revival. Moreover, there was a remarkable degree of interaction between the personalities clustering around both institutions.

Two months after coming to St. Enda's in September 1908 Thomas MacDonagh, who had dedicated his first book of poetry to W.B. Yeats, had his first play produced at the Abbey. Now Pearse himself began to write plays specially for the boys of his school. Over the coming years three of his plays were produced at the Abbey; Íosagán in 1910, a Passion Play

W.B. Yeats (1865-1939)

17

Radharc as léiriú Scoil Éanna i 1909 de dhráma le Dúghlás de hÍde, 'An Naomh ar Iarraidh'
A scene from the St. Enda's 1909 production of Douglas Hyde's play 'An Naomh ar Iarraidh'

Ceann an Foiṙaiṙe.
The Captain of the Guard.

píoláιτ.
Pilate.

An τ-áιḃ-Saṫaiṙτ.
The High Priest.

Sṡoil Éanna, Ráṫ Feaṙnáın : Dṙáma na páıṙe, Cáiṙṡ 1911.
St. Enda's College, Rathfarnham : The Passion Play, Easter 1911.

18

scoile, *An Macaomh*: 'Tuigeadh dom ansin, níos soiléire ná riamh', dhearbhaigh sé, 'gur flaithiúla an sár-ealaíontóir ná gach éinne eile mar go mbíonn sé de shíor ag bronnadh séad'.

Bhí tuile agus aife sa taoide seo. D'fhreastail Yeats ar na drámaí a léiríodh sa scoil agus thug sé léacht lár-téarmach inti. Bhí saothar greanta lena dheartháir, Jack B. Yeats, ar crochadh sa halla. Dhein Dúghlás de hÍde agus an file, Pádraic Colum, comhar le Pádraig Mac Piarais ag cumadh drámaí do na mic léinn.

Níorbh aon ionadh é, agus daoine ar stádas Yeats agus de hÍde ar fhoireann léirithe na ndrámaí seo, agus á moladh, go samhlófaí faoi sholas glórmhar don Phiarsach iad.

Faoin mbliain 1914 bhí sé ag cur síos ar na drámaí seo, ní mar éacht oideachais amháin ach mar dhrámaí a chuir comaoin mhór ar athbheochan na drámaíochta a thosaigh Yeats agus Synge: 'is dóigh liom go raibh feidhm le léiriú na ndrámaí Gaeilge agus Angla-Éireannacha againn', scríobh sé, 'ní hamháin i bhforás pearsanta na mbuachaillí ach i bhforás ealaín na drámaíochta in Éirinn chomh maith'.

Ní raibh aon teorainn i ndáiríre le huaillmhianta an Phiarsaigh i leith na scoile: bhíodar oideachasúil sa chiall is leithne. Bhí dóchas aige go gcorródh eiseamláir Scoil Éanna daoine chun ord nua sóisialta a chruthú, ord a mbeadh luachanna cultúrtha agus sóisialta fíor-Ghaelacha in uachtar ann.

Ó bhí aidhmeanna den scóp seo aige, níorbh fhear é an Piarsach a dhein cónaí ar cháil iarracht na huaire. Ach is mó ábhar mórtais a bhí aige fiú nuair a bhí téarma de dhá bhliain istigh ó bunaíodh Scoil Éanna. Mar a scríobh Tomás Mac Donnchadha i litir ag an am, bhí éirithe

in 1911 and *An Rí* in 1913. Yeats offered to produce *An Rí* to help the school with its financial difficulties. Pearse very graciously acknowledged Yeats's generosity in the columns of *An Macaomh*, the school magazine. 'I understood then more clearly than ever that no one is so generous as a great artist', he declared, 'for a great artist is always giving gifts'.

The flow, moreover, was two-way. W. B. Yeats attended plays produced at the school and gave a half-term lecture. An engraving by his brother Jack B. Yeats hung in the school hall. Douglas Hyde and the young poet Padraic Colum joined with Pearse in writing plays for the pupils.

With people of the stature of Yeats and Hyde participating in or praising the school's dramatic productions it is hardly a wonder that Pearse came to view them in a glorious light.

In 1914 he was writing of their plays not only as an educational achievement, but as a vital contribution to the resurgence of drama that had been spearheaded by Yeats and Synge. 'I think that our performances of Irish and Anglo-Irish Plays', he wrote, 'have meant something, not only in the development of our boys, but in the development of dramatic art in Ireland'.

Pearse's ambitions for his school knew no real bounds; they were educational in the widest sense. The example of St. Enda's, he hoped would provide the impetus for a new social order, permeated by distinctively Irish cultural and social values.

Driven by ambitions of such scope, Pearse was not a man to rest easily on the laurels of a particular achievement. After only two years of St. Enda's existence he had indeed much to be proud of. As

thar barr leis an bPiarsach 'bíodh gur croitheadh níos mó ceann ná lámha leis' i dtús báire.

Ní raibh sa toradh seo ach leid ar an méid ab fhéidir a dhéanamh, dar leis an bPiarsach. Bhraith sé nár dhein éachtaí na scoile ach solas a chaitheamh ar easnaimh a timpeallachta. Níorbh é Teach Cullenswood, a bhí lonnaithe i lár fuadar na bhfo-bhailte i Raghnallach, an baile b'oiriúnaí do scoil eiseamláireach na hÉireann. Bhí rún daingean aige 'an suíomh ba bhreátha in Éirinn' a aimsiú do Scoil Éanna 'ós aici a bhí an aidhm ab airde i gcúrsaí oideachais thar scoileanna uile na hÉireann'.

Chuaigh sé ar thóir an tsuímh ídéalaigh sin.

Thomas MacDonagh put it in a letter at the time, Pearse, who had started 'with more headshakes than handshakes, has really succeeded'.

However to Pearse such success was only a hint of how much more was possible. In his mind the school's triumphs only highlighted the deficiencies of its environment. Situated in Ranelagh amid the bustle of suburbia, Cullenswood House was not the ideal home for Ireland's exemplary school. He was determined that as St. Enda's had the 'highest aim in education of any school in Ireland: it must have the worthiest home'.

He went in search of that idyllic location.

Grúpa scoile, Bealtaine 1909

School group, May 1909

An Díthreabh
1910-1916

The Hermitage
1910-1916

Uair éigin i dtosach an tsamhraidh, 1910, tháinig Pádraig agus a dheartháir Liam, a bhí lena chois, trasna ar an Díthreabh i Ráth Fearnáin. Láithreach bonn bhíodar deimhneach go raibh láthair fíor-uasal aimsithe acu le haghaidh Scoil Éanna.

Bhí an Díthreabh amuigh faoin tuath fós ag an am, achar maith ar shiúl ó bhroid ghlórach na cathrach. Ní foláir nó d'airigh an Piarsach atmaisféar ciúin an uaignis agus an mhachnaimh agus é ag fánaíocht tríd an eastát. Bhí a fhios aige go mba mhór ag scoláirí Éireannacha na seanreachta bheith neamhspleách ar chúraimí an tsaoil, saor chun machnaimh. Go deimhin, bhí an scoil ainmnithe aige as Éanna, naomh mór Árann, a thug a chúl le saol laochúil an ghaiscígh chun oiliúint a thabhairt do bhuíon dúthrachtach scoláirí in iargúltacht oileáin Árann.

Bhain áilleacht nádúrtha leis an eastát, na sléibhte siar uaithi ag éirí aníos go taibhsiúil, an abhainn ar a cúrsa taomannach idir chranna arda fearna, feá agus sailí, ina silín ar uairibh, ina tuile thréan uaireanta eile, ó shéasúr go chéile. Thaitin taobh tíre eiliminteach dá leithéid seo leis an bPiarsach mar gur bhraith sé tarraingt mhistiúil agus rómánsúil ar an mbreáthacht nádúrtha seo. Mheas sé nach raibh aon chúrsa oideachais iomlán de cheal an fhórsa inspioráidigh seo. Tamall gairid i ndiaidh dó cur faoi sa Díthreabh, chuir sé síos ar an 'teagmháil le nithe fiáine na gcoillte agus na mbánta, an eachtra laethúil i láthair fórsa agus beatha eilimintigh, an smacht mórálta agus an cruachan fisiciúil a ghabh leis agus ar chóir iad a bheith ina gcuid riachtanach

Sometime in the early summer of 1910 Patrick, accompanied by his brother Willie, discovered. the Hermitage, Rathfarnham. Immediately they were convinced that here indeed was a truly noble home for St. Enda's.

At the time the Hermitage was still in the countryside, a good distance away from the noisy distraction of the city. As he strolled through the grounds Pearse must have sensed the quiet atmosphere of solitude and meditation. The early Irish scholars, he knew, placed great importance on contemplative detachment from the workaday world. Indeed he had named his school after St. Enda of Aran, who

The park today

'An eachtra laethúil sin nuair a thugtar aghaidh ar bheatha agus ar fhórsa eiliminteach. . .' Buachaillí ag snámh in aice leis an eas

'That daily adventure face to face with elemental life and force. . .' Boys bathing by the waterfall

d'oideachas an óganaigh'.

Bhí gné eile fós leis an áit a tháinig lena thuairim idéalach den láthair fhíor-spreagúil. Fear mór samhlaíochta ab ea é agus chuaigh cuimhní stairiúla na háite i bhfeidhm go mór air. Bhí sé an-chorraithe nuair a thuig sé go raibh baint ag beirt, a raibh siombólachas cumhachtach á lorg, leis an Díthreabh.

Sa bhliain 1786, bhronn Tomás Ó Conghalaigh ó Bhaile an Chaisleáin, saorsheilbh 'Goirt Odin' (an teideal a bhí ar an Díthreabh ag an am) ar Edward Hudson, lia iomráiteach i mBaile Átha Cliath. Comharsa le Hudson ab ea an dlíodóir cáiliúil, John Philpott Curran, a raibh cónaí air i mbéal gheata na Díthreibhe. Ba bheag an bhá a bhí ag an gCorránach leis an suirí a bhí ar siúl ag fear óg, Robert Emmet, lena iníon Sarah.

had abandoned the heroic life of a warrior to teach a devoted band of scholars in the remote seclusion of the Aran Islands.

Then there was the natural beauty of the grounds, with the mountains looming in the background, and the river, varying between a trickle and a torrent in its seasonal changes, as it wended moodily between tall alder, beech and willow trees through the park. Such a wild and elemental landscape appealed to Pearse's mystical and romantic sense of natural grandeur. Without this inspirational force, he felt, no education was complete. Soon after settling in at the Hermitage he wrote of 'that contact with the wild things of the woods and the wastes, that daily adventure face to face with elemental life and force, with its moral discipline, with its physical harden-

Chun súil fhiata an tseanduine a sheachaint, b'éigin don bheirt leannán teacht le chéile go rúnda. Ós cairde le Hudson ab ea iad, bhuailidis le chéile go minic sa Díthreabh agus théidis ag siúl sna garraithe. I 1803 cuireadh críoch thragóideach leis an suirí nuair a daoradh Emmet chun báis. Bhí nóta agrach sa chaint a dhein sé i ngabhann na cúirte: "When my country takes her place among the nations of the earth, then and not till then, let my epitaph be written'.

Níor ligeadh an bhaint a bhí aige leis an Díthreabh i ndearmad. Siúlóid Emmet a thugtar ar an mbóithrín fiodhach atá ar chlé ón teach, agus Dún Emmet atá mar ainm ar an mbréag-theach atá i gcúinne thoir-theas na páirce.

Tar éis bhás Edward Hudson sa bhliain 1827, tháinig a mhac, William Elliot, mar chomharba dílseánach ina ionad. Bíodh

ing, which ought to play so large a part in the education of a boy'.

There was yet another aspect of the place that met his ideal of a truly inspirational setting. As a man of vivid imagination, the historical associations of a place made a deep impression on him. He was excited to find that two potently symbolic figures had been connected with the Hermitage.

In 1786 Thomas Connolly of Castletown granted the freehold of the 'Fields of Odin' (as the Hermitage was then called) to Edward Hudson, a prominent Dublin medical man. One of Hudson's neighbours, across the way from the main gate, was the renowned lawyer John Philpott Curran. Curran did not look kindly on the attentions a young man named Robert Emmet was paying his daughter Sarah. To avoid his grumpy

An chora agus an loch mar atá siad inniu   *The weir and lake as they are today*

Roibeárd Emmet (1778-1803)   *Robert Emmet (1778-1803)*

Dún Emmet   *Emmet's Fort*

go mba í an dlíodóireacht a bhí mar ghairm aige, is buaine an chuimhne atá ar W. E. Hudson mar gheall ar an gcomaoin a chuir sé ar na Cumainn sin a dhírigh ar chaomhnú agus ar fhoilsiú na láimhscríbhinní luatha Gaeilge, a chorraigh chun gníomhaíochta ar dtús gluaiseacht athbheochan na teanga a bhláthaigh ina ghluaiseacht choitianta le Conradh na Gaeilge leathchéad bliain níos faide anonn. Sula bhfuair sé bás sa bhliain 1853, bhronn Hudson £500 ar Acadamh Ríoga na hÉireann mar chuidiú le foilsiú fhoclóir Gaeilge a bheadh fíorchuimsitheach.

Níorbh fhada don Phiarsach sa Díthreabh, mar sin, gur bhraith sé 'na cuimhní a chloíonn leis na seanchlocha agus leis na crainn seo'. Bheadh sé ag labhairt gan mhoill leis na buachaillí i nguth a bheadh faoi dhraíocht ar 'Emmet agus laochra an tseasaimh dheireanaigh'. Agus, ag tabhairt aitheantais do Hudson mar cheannródaí ar a n-iarrachtaí féin ar son na teanga, nocht sé mian: 'má bheidh airgead le spáráil againn choíche, cuirfimid dealbh den bhfear breá sin i gceann dár hallaí'.

Ach b'í taibhse Emmet, a mhairtíreacht óg agus earra a dhúshláin neamhchomhlíonta, ba mhó a raghadh i gcion ar shamhlaíocht inbhreathnaitheach an Phiarsaigh sna blianta a bhí le teacht.

Sa bhliain 1913, cuireadh tríú bille an Fhéinrialtais i láthair i dTeach Íochtarach na Pairliminte. Chuir an t-aighneas a lean é cor sa bhéim a bhí ar chúrsaí cultúrtha i saol poiblí na hÉireann go dtí cúrsaí polaitíochta. Chun a léiriú go raibh rún daingean acu seasamh i gcoinne Féinrialtais, chuir Aontachtóirí Uladh Fórsa armáilte Óglaigh Uladh ar bun in Eanáir na bliana 1913. Mar fhreasúra air seo, i Samhain na

glare, the lovers were forced to meet secretly. As friends of Hudson, they met frequently at the Hermitage and strolled in the grounds.

In 1803 their romance was tragically curtailed when Emmet was executed for leading a brief, ill-fated rebellion. In his speech from the dock he struck a defiant note which fell as a challenge to future generations: 'When my country takes her place among the nations of the earth, then and not till then, let my epitaph be written'. His association with the Hermitage was not forgotten. The tree-lined avenue to the left of the house is known as Emmet's Walk, and a folly in the S.E. corner of the park as Emmet's Fort.

After Edward Hudson's death in 1827, his son William Elliot succeeded as proprietor. Though a lawyer by profession, W.E. Hudson is chiefly remembered for his contribution to the Celtic and Archaeological Societies of the 1840's. These societies, which concentrated on the preservation and publication of early Irish manuscripts, constituted the first stirrings of the language revival movement that flowered in the popular based Gaelic League fifty years later. Before his death in 1853 Hudson donated £500 to the Royal Irish Academy to assist the publication of the first comprehensive Irish dictionary.

Thus Pearse was not long at the Hermitage before he began to feel 'the associations that cling about these old stones and trees'. In a rapt voice he was soon speaking to his boys of 'Robert Emmet and the heroes of the last stand'. And, recognising Hudson as a precursor of their own efforts on behalf of the language, he expressed the wish that 'if ever we have money to spare we will place a bust of that good man in one of our halls'.

Seomra staidéir an Phiarsaigh   *Pearse's Study*

bliana céanna, chuir Náisiúnaithe an Fhéinrialtais, ar chomhairle Eoin Mhic Néill, Óglaigh na hÉireann ar bun ar chruinniú i mBaile Átha Cliath. Bhí Pádraig Mac Piarais i láthair ag an gcruinniú sin agus dhein ball den choiste lárnach de san eagras nua. Sna míonna a bhí le teacht bhuailfeadh fir ar nós Bulmer Hobson, Seán Mac Diarmada agus Éamann Ceannt leis. Rud nárbh eol dó siúd go fóill, bhíodar seo ina mbaill den chumann rúnda, an I.R.B., a bhí tar éis sleamhnú isteach i ranna uachtaracha na nÓglach agus aidhm acu an t-eagras nua a stiúrú i dtreo éirí amach armáilte i gcoinne rialú na Breataine.

Faoi thosach na bliana 1914 bhí aitheantas náisiúnta á thabhairt don Phiarsach mar phearsa polaitíochta, mar gheall ar a shuntasacht sna hÓglaigh agus a ráitis pholaitíochta a bhí ag éirí níos neamhbhailbhe le himeacht aimsire. Bhí

But it was the spectre of Emmet, his youthful martyrdom and the burden of his unfulfilled challenge, that was to make the deepest imprint on Pearse's brooding imagination over the coming years.

In 1912 the third Home Rule Bill was introduced in the House of Commons. The controversy it aroused brought about a shift of emphasis from cultural to political concerns in Irish public life. To show their determination to resist Home Rule, Ulster Unionists set up the armed Ulster Volunteer Force in January 1913.

The following November, at the instigation of Eoin MacNeill, Home Rule nationalists countered with the setting up of the Irish Volunteers at a meeting in Dublin. Patrick Pearse was at that meeting and became a member of the central committee of the new organisation. Over the coming months Pearse came into contact with men like Bulmer Hob-

a chlú tar éis leathnú go dtí Meiriceá chomh maith, áit a raibh a óráidí á dtuairisciú sa *Gaelic American*, nuachtán Chlann na nGael, an t-eagras Meiriceánach a thacaigh leis an I.R.B.

San am céanna, bhí Scoil Éanna ag sleamhnú isteach go doimhin i dtrioblóidí airgid. Chuaigh léas na scoile ó William Woodbyrne £300 sa bhliain. Ina theannta sin bhí £2,666 caite ar chóiriú na bhfoirgneamh le go mbeidis oiriúnach le haghaigh scoile. Faoi thosach na bliana 1914, ba léir don Phiarsach go mb'fhéidir nach n-osclódh an scoil don scoil-bhliain 1914-5 muna dtiocfadh leis suim mhór airgid a ardú gan mhoill. Agus é i ndé dheireanach an éadóchais, chuaigh sé i muinín Mheiriceá don bhfuascailt. De bharr a chlú a bheith ag méadú ann, measadh go raibh an t-am tráthúil le haghaidh turais chun ciste a chruinniú.

son, Sean MacDermott and Eamonn Ceannt. As yet unknown to him, they were members of the secret Irish Republican Brotherhood, who had infiltrated the higher ranks of the Volunteers with the aim of steering the organisation in the direction of an armed rising against British rule.

By early 1914, as a result of his prominence in the Volunteers and his increasingly outspoken political utterances, Pearse had become a political figure of national stature. His reputation had also spread to America where his speeches were reported in the *Gaelic American*, newspaper of Clann na nGael, the American organisation that supported the IRB.

Meanwhile, St. Enda's was sliding deeply into financial trouble. The lease of the **Hermitage from William Woodbyrne was** costing a hefty £300 a year. On top of

Na deatháireacha i ndomhain-chómhrá le linn cheann de laethanta poiblí na scoile, c.1914
The brothers absorbed in conversation during one of the school's open days, c.1914

Óglaigh ag druileáil in aice le Ceann Máighe, 1914   *Volunteers drilling near Kimmage, 1914*

Deineadh na socruithe le haghaidh turais le cabhair Bulmer Hobson. Tamall gairid sular sheol sé siar amach ó Chóbh i bhFeabhra na bliana 1914, chuir Hobson faoi mhionn an I.R.B. é.

Bhí breis agus $3,000 bailithe aige le haghaidh chiste na scoile faoin am gur thug sé faoin turas abhaile ar an 7ú Bealtaine, agus bagairt an dúnta curtha ar an méar fhada go fóill.

Ní túisce a bhí sé fillte ar Éirinn ná go raibh a iúl tógtha chun siúil arís ag taoide thuile an ghníomhaíocht pholaitíochta. Tugadh timpeall is 900 raidhfil agus 26,000 rois armlóin i dtír ón Asgard i mBinn Éadair ar an 26ú Meitheamh 1914. Scaipeadh agus cuireadh i bhfolach gan mhoill iad, cuid díobh i Scoil Éanna.

Bhris an Chéad Chogadh Domhanda amach ar an 4ú Lúnasa 1914. Chuir Seán Mac Réamoinn, ceannasaí Pháirtí na Pairliminte, forrán ar an uile Éireannach

this, £2,666 had been spent modifying the buildings into premises suitable for a school. By the beginning of 1914 Pearse found that unless he could raise a considerable sum of money soon the school might not be able to open its doors for the 1914-15 school year. In desperation, he looked to America for a possible source of salvation. With his growing reputation there the time seemed ripe for a fund-raising tour. With the help of Bulmer Hobson a tour was arranged. Shortly before he set out for Queenstown on 8 February, 1914 Hobson swore him into the IRB.

By 7 May, when he sailed for home, he had collected over $3,000 towards the school fund, forestalling for the meantime the threat of closure.

Almost from the moment he arrived back in Ireland, his attentions were once again swept along in the growing tide of

An Piarsach in éide oifigeach Óglach, ar tí an óráid iomráiteach ar uaigh Uí Dhonnabháin Rossa a aithris (an téacs á thógaint aige as a phóca)

Pearse, in Volunteer officer's uniform, about to deliver his resounding oration at the graveside of O'Donovan Rossa, taking the text from his tunic pocket

dul i leith na gComhghuaillithe chun an Ghearmáin a throid, ag áiteamh go gcinnteodh sé seo go bhfaighfí Féinrialtas nuair a bheadh an cogadh thart. Thug timpeall is 170,000 Óglach, agus na hÓglaigh Náisiúnta mar ainm orthu anois, freagra ar a ghairm. D'fhan thart ar 10,000 Óglach dílis d'Eoin Mac Néill, ag tuairimiú go mba é dualgas na n-Éireannach Éire a chosaint in ionad teacht i gcabhair ar Shasana nuair a bhí sí i gcruachás.

D'fhág an laghdú mór seo in uimhreacha na nÓglach Éireannacha go mba fhusa do na baill den I.R.B. a bhí ina measc iad a stiúradh go héifeachtach. I rith na bliana 1915 ceapadh an Piarsach le bheith ar Chomhairle Mhíleata agus ar Chomhairle Uachtarach an I.R.B. I bpáirt le Tomás Clarke, Seán Mac Diarmada

political activity. On 26 July, 1914 some 900 rifles and 26,000 rounds of ammunition were landed at Howth from the Asgard. The guns were quickly dispersed from the scene and hidden, some of them at St. Enda's.

The First World War erupted on 4 August, 1914. John Redmond, leader of the Parliamentary Party, called on all Irishmen to join with the Allies in fighting Germany, arguing that it would ensure the granting of Home Rule when the war was over. About 170,000 Volunteers, renamed the National Volunteers, answered his call. Some 10,000 Volunteers remained loyal to MacNeill in the belief that the duty of Irishmen was to defend Ireland and not to aid England in her difficulty.

Such a vast reduction in the numbers

29

An luas ag géarú: é ag labhairt le slua ag Carn Ua nDúnchadha i ndeireadh mhí Lúnasa 1914
Gathering pace: addressing a crowd at Dolphin's Barn, late August 1914

agus daoine eile, bhí sé ag ullmhú anois faoi chomhair éirí amach a bhainfeadh sochar as an bprionsabal a bhain go dlúth le héirithe amach 1798 agus na bhFiníní: an chré go mba é 'cruachás Shasana uain na hÉireann'.

I ndiaidh na hóráide a thug sé ar uaigh an Fhinínigh, Ó Donnabháin Rossa, bhain cáil pholaitíochta an Phiarsaigh buaic amach. Ach bhí aird lucht an údaráis dírithe air chomh maith agus d'éirigh leo amas cruinn a fháil air anois sa bhall ba laige é.

B'é William Woodbyrne an tiarna talún óna raibh an Díthreabh ar léas ag an bPiarsach. I lár mhí Lúnasa d'éiligh dlíodóir Woodbyrne, agus na húdaráis á spreagadh, go n-íocfaí cíos na leathbhliana a bhí amuigh ar an Díthreabh, suim £288, láithreach bonn. Bhí an Piarsach san fhaopach arís: ní raibh aon

of the Irish Volunteers left it amenable to more effective control by the IRB members in its midst. During 1915 Pearse was appointed to the Military Council and Supreme Council of the IRB. Along with Thomas Clarke, Sean MacDermott and others he was now planning for an insurrection that would exploit the principle that had been inherent in the 1798 and Fenian uprisings: the conviction that 'England's difficulty was Ireland's opportunity'.

After his oration at the graveside of the Fenian O'Donovan Rossa on 1 August, 1915, Pearse's political reputation reached its height. But he was also drawing the attention of the authorities, who now contrived to attack him at his weakest point.

William Woodbyrne was the landlord from whom Pearse had the lease of the

leigheas air, ní raibh an t-airgead aige. Níos measa fós, dá bhfógrófaí ina chlisiúnach é, bheadh an scoil agus a cháil (agus, dár réir sin, a fheidhmiúlacht mar fhear labhartha an I.R.B.) loite.

Scríobh sé litir go dtí Seosamh Mag Oireachtaigh (cara leis agus ball suntasach den I.R.B.) i Nua Eabhrach ag lorg cabhrach. Lóisteáladh £300 i mbanc an Phiarsaigh in am. Bhí Scoil Éanna, agus clú an Phiarsaigh maraon léi, slán.

Chuaigh an t-ullmhúchán le haghaidh an Éirí Amach chun cinn. Ar deireadh thiar, i lár an mhearbhaill a tharla de bharr orduithe cealaitheacha Mhic Néill (a bhí i gcoinne éirí amach, nach raibh ach an teip i ndán dó, a chur sa tsiúl), d'ionsaigh buíon bheag Óglach roinnt foirgneamh timpeall ar Bhaile Átha Cliath a raibh ionaid lárnacha acu ó thaobh cosanta agus chuireadar bábhúin futhu, ar an Luan, an 24ú Aibreán 1916.

Lean an troid go fíochmhar i lár na cathrach ar feadh seachtain na Cásca, is ba léir nach raibh aon bhreith ag na reibiliúnaithe ar an bhfód a sheasamh i gcoinne na ndíormaí breise Breataineacha a bhí á dtabhairt ar an láthair. Faoin 29ú Aibreán bhí a bport seinnte. Ar mhaithe le tuilleadh áir a sheachaint, ghlac an Piarsach le géilleadh gan choinníoll.

Tar éis dó géilleadh tugadh go Cnoc Earbair é. Sa chúirt airm ar an 2ú Bealtaine, daoradh chun báis ar an lá dar gcionn é. Uair éigin idir meán oíche agus a trí a chlog ar maidin, an 3ú Bealtaine, bhreac sé a litir dheireanach. Fágann sé slán inti ag a mhuintir, an ceiliúradh ba chráite ag dul dá dheartháir, Liam. Básaíodh ag a leathuair tar éis a trí an mhaidin sin é, gan aon tuairim aige go raibh an dála céanna i ndán dá dheartháir dílis an lá ina dhiaidh sin.

Chaith duine de na breithiúna a bhí i láthair i gcúirt airm an Phiarsaigh béile

Hermitage. In mid-August Woodbyrne's solicitor, encouraged by the authorities, demanded immediate payment of the outstanding half-yearly rent on the Hermitage. Once again, Pearse was in desperate straits: he simply did not have the money. Even worse, if he was exposed as a bankrupt his school and his reputation (and thereby his usefulness to the IRB as its spokesman) would be ruined.

He wrote immediately to Joseph McGarrity in New York (a friend, and leading member of Clann na nGael) asking for help. £300 was lodged in time with Pearse's bank. St. Enda's, and, with it, Pearse's reputation, was saved.

Preparations for the Rising went ahead. Eventually, amid a confusion of countermanding orders from MacNeill (who was

Seosamh Mac Suibhne, a bhí ina scoláire i Scoil Éanna go gairid roimhe sin, ar staidiúir in éide na nÓglach ag bun chéimeanna na Díthreibhe, ceithre lá roimh an Éirí Amach

Joseph Sweeney, recently a pupil of St. Enda's, posing in his Volunteer uniform at the foot of the Hermitage steps four days before the Rising

Grúpa d'iarscoláirí arbh Óglaigh anois iad ag feitheamh ar orduithe i Scoil Éanna, Domhnach Cásca
A group of ex-pupils cum Volunteers awaiting orders at St. Enda's on Easter Sunday

na hoíche sin le cuntaois Fhine Gall; chuir sé caint an-mhaolchluasach uirthi:

Táim tar éis ceann de na gníomhartha ba dhéine riamh orm a dhéanamh. Bhí orm duine de na daoine ba bhreátha a casadh orm a dhaoradh chun báis. Ní mór nó go bhfuil rud éigin an-chearr leis an saol a dheineann reibiliúnaí dá leithéid. Ní hionadh liom gur dhein a mhic léinn é a adhradh.

Arbh í pearsantacht an Phiarsaigh, mar sin, a thug ar a lán de na buachaillí a bhí múinte aige troid lena ais le linn seachtain na Cásca? Throid cúig dhuine dhéag d'iarscoláirí Scoill Éanna in Éirí Amach 1916. Ardaíonn a bpáirt siúd ann ceist bhunúsach i dtaobh an bhaint a bhí ag idéil oideachais an Phiarsaigh lena hidéil pholaitíochta.

Ní raibh suim mhór léirithe ag an bPiarsach i gcúrsaí polaitíochta roimh an bhliain 1912. Mar bhall de Chonradh na Gaeilge agus, níos déanaí, mar mháistir ar

against the staging of a rebellion doomed to military failure) a small army of Volunteers stormed and stockaded a number of key defensive buildings throughout Dublin on Monday 24, April 1916.

The battle raged in the centre of Dublin throughout Easter Week, with the rebels fighting against increasingly hopeless odds as British reinforcements arrived. By 29 April the position had become hopeless. Pearse, in order to avoid further bloodshed, accepted unconditional surrender.

After his surrender he was taken to Arbour Hill Barracks. At his court martial on 2 May he was sentenced to die on the following day. Sometime between midnight and 3 a.m. on 3 May he wrote his last letter. In it he says goodbye to the members of his family, most poignantly to Willie. At 3.30 in the morning he was executed, not knowing that his beloved

Trúpaí na Breataine ag coimeád bábhúin le linn na troda
British troops manning a barricade during the fighting

Tar éis an ghéillte: an taobh istigh loiscthe d'Ardoifig an Phoist
After surrender: the burnt out interior of the G.P.O.

An Piarsach (Eoin Ó Súilleabháin) á threorú óna chillín chun a bhásaithe i gclós Phríosún Chill Mhaighneann. As léiriú 1966 RTÉ, 'Insurrection' (le caoinchead RTÉ Guide)

Pearse (Eoin Ó Súilleabháin) is led from his cell to face execution in the yard of Kilmainham Jail. From the 1966 RTÉ production 'Insurrection' (Courtesy RTÉ Guide)

Scoil Éanna, chloígh sé le hidéal neamhpholaitiúil an Chonartha sa mhéid go n-áitíodh sé go mb'fhiú mar spriocanna iontu féin grá don teanga agus mórtas as nithe Gaelacha a chur chun cinn. Dá réir sin, rud a mba chóir neamhshuim a dhéanamh de ab ea anáil na Breataine ar chóras oideachais na hÉireann, in ionad aghaidh a thabhairt uirthi. Mar shampla, leag sé síos na treoirlínte seo don scoil Ghaelach sa bhliain 1909: 'Is é atá i gceist agamsa le scoil Ghaelach ná scoil a dhéanann talamh slán d'Éirinn. Ní gá duit an teanga Ghaelach a mholadh . . . ach í a labhairt; ní gá duit cluichí Shasana a cháineadh . . . imir cluichí Gaelacha'. Ach

brother was to face the same fate a day later.

One of the judges at Patrick Pearse' court martial, General Blackader, had din ed that evening with the Countess o Fingall; in subdued tones he remarked to his hostess:

> I have just done one of the hardest tasks I hav ever had to do. I have had to condemn to deat one of the finest characters I have ever com across. There must be something very wrong i the state of things that makes a man like tha a Rebel. I do not wonder that his pupils adore him.

Was it, then, Pearse's extraordinary charis ma that led many of the boys he had taugh to fight alongside him during Easter week

eis an taithí phraiticiúil a fuair sé agus é
mbun a scoile féin, chomh maith leis an
ird níba mhó a bhí á tabhairt aige ar
húrsaí polaitíochta, tháinig lom-athrach
igne air gan mhoill.

Nuair a bhí sé ina leanbh, d'inis a aintín
Máiréad scéal dó a chuaigh i bhfeidhm go
nór air. Bhain sé le rí Éireannach sa
eanreacht 'a chruinnigh roinnt buachaillí
e chéile ina thimpeall . . . á n-eagrú i
ngasra beag, ag tabhairt bunreachta dóibh,
g ligean dóibh a ndlíthe féin a cheapadh
gus a dtaoisigh féin a ainmniú'. D'inis sé
n scéal seo in imleabhar na Nollag den
ris, *An Macaomh*, nuair a bhí Scoil Éanna

Fifteen ex-pupils of St. Enda's fought in
the 1916 Rising. Their involvement raises
a fundamental question about the relation
between Pearse's educational and political
ideals.

Before 1912 Pearse had not shown a
high level of interest in politics. As a
member of the Gaelic League and later as
headmaster of St. Enda's he followed the
non-political ideal of the League by
preaching love of the language and pride
in things Irish as things to be striven for
as ends in themselves. To this extent the
British influence over Irish educational
structures was something to be ignored

*Iarscoláirí ó Scoil Éanna lasmuigh de Theach Cullenswood in Iúil 1917. Scaoileadh saor ó champa géibhinn
sa Bhreatain Bheag iad go gairid roimhe sin, nó bhí téarmaí tugtha acu i bpríosún de bharr an pháirt a
ghlacadar san Éirí Amach. Tá Proinsias de Búrca, a ghlacfadh cúram an Mháistir air féin i Scoil Éanna
ar ball, ina shuí ar dheis*

*Ex-pupils of St. Enda's outside Cullenswood House in July 1917. All had recently been released from internment
in Wales or had served sentences for their part in the Rising. Frank Burke, soon to take over as Headmaster
of St. Enda's, is sitting on the right.*

lonnaithe le dhá bhliain i dTeach Cullenswood agus nuair ba dhóigh leis, ní foláir, go mba ionann agus mian a óige a bheith fíortha an tslí ina raibh éirithe leis an scoil. I bhfriotal suaithinseach, thug sé 'poblacht leanaí' ar an scoil, í neamhspleách ar an gcóras oideachais a bhí in uachtar. Bhí an chuma ar an scéal go raibh sé léirithe aige i gCullenswood go bhféadfadh sé scoil a eagrú ach 'talamh slán' a dhéanamh dá raibh ag tarlú i gcúrsaí oideachais in Éirinn lasmuigh di.

Ach nuair a d'aistrigh an scoil amach go dtí an Díthreabh, níorbh fhada go bhfaca an Piarsach go raibh deacrachtaí airgeadais ag bagairt go tréan ar a phoblacht bheag. Bhí an léas bliantúil agus an caiteachas ar chóiriú na bhfoirgneamh an-chostasach agus chuaigh uimhir na

rather than confronted. In 1909, for ex ample, he laid down the followin guidelines for the running of an Iris school: 'What I mean by an Irish scho is a school that takes Ireland for grante You need not praise the Irish language . . simply speak it; you need not denounc English games . . . play Irish ones However the practical experience of ac ually running his own school, combine with a growing political awareness, soo led him to revise this position radically

When he was a child his aunt Margare had told him a story that left a deep im pression on him. It was about an earl Irish king who 'had gathered about hir a number of boys . . . whom he ha organised into a little society, giving then a constitution and allowing them to mak

Grúpa sa ghairdín fálaithe ar cheann de laethanta poiblí na scoile. Tá an Piarsach ina shuí ar dheis agus Dúghlás de hÍde ar chlé uaidh, go cliathánach, leis an gcaipín

A group photographed in the walled garden on one of the school's open days. Pearse is seated on the right and Douglas Hyde is to his left, in profile, with the cloth cap

Radharc ar an taobh céanna den tigh agus rósanna faoi bhláth
A view towards the same end of the house today with roses in bloom

daltaí lae a bhí ag díol táillí i laghad mar
heall ar an achar ón gcathair. Faoin
ıbliain 1912, bhí a lán dá dhíograis á
ídiú ag iarraidh fadhbanna airgid na
coile a réiteach.

Má tháinig méadú mór ar ghealltanas
olaitíochta an Phiarsaigh sna blianta a
an 1912, tháinig méadú níos mó chomh
ıaith ar na deacrachtaí a bhain le slándáil
irgeadúil na scoile. Is léir ó chúinsí a
ıurais go dtí na Stáit Aontaithe sa bhliain
914 go raibh an dá chúram snaidhmthe
ıa chéile. Cuireadh na táillí a thuill sé ar
ıainteanna polaitíochta, le linn a thurais,
bhaile go dtí a dhearthár i Scoil Éanna
ıun fiacha na scoile a ghlanadh. Go
eimhin, chuir sé a thuras abhaile ar athló
o dtí go raibh thart ar $3,000 curtha chun
ealaigh aige, an tsuim a cheap sé a mba
há chun an scoil a shábháil.

their own laws and to elect their own
leaders'. He told this story years later in
the Christmas 1909 issue of *An Macaomh*
when St. Enda's was in its second year at
Cullenswood, and when its all-round suc-
cess must indeed have seemed to him a
childhood dream fulfilled. In a significant
phrase, he spoke of the school as a 'child-
republic', operating independently of the
prevailing educational establishment. At
Cullenswood, it seemed that he had suc-
ceeded in proving that he could run a
school by taking what was happening
elsewhere in Irish education 'for granted'.

But when the school moved to the Her-
mitage with its heavy annual lease, the
cost of extensive renovations, and a fall
in the number of fee-paying day pupils
due to its distance from the city, Pearse
soon found the independence of his little

Caithfidh go raibh an díobhadh airgeadais a bhí ag bagairt gan staonadh ar an scoil faoin mbliain 1913 ina ábhar mór diomachroí don bPiarsach. Ach láithrigh míniú níos leithne ar na deacrachtaí seo nuair a fuair sé eolas níos mó ar scríbhinní scarúnaithe ar nós Wolfe Tone, Seán Ó Mistéala, Tomás Dáibhís agus b'fhéidir, ar ghnéithe d'argóintí eacnamaíochta Shéamais Uí Chonghalaigh chomh maith. Ní folair nó cheap sé go raibh an lúb-ar-lár ina mhachnamh aimsithe aige anois, is é sin, gur shíl sé go n-éireodh lena phoblacht leanaí 'dá mbeadh poblacht pholaitíochta ann mar chumhdach uirthi agus chun tacaíocht a thabhairt di'. Ar aon nós is í seo an loighic atá laistiar den tráchtas oideachais is aithnidiúla uaidh, *The Murder Machine*, a foilsíodh sa bhliain 1914.

Baineann sé feidhm as meafar an mheaisín chun cur síos ar ansmacht an chórais oideachais a mhúnlaíonn daltaí chun go mbeidis in oiriúint do Státseirbhís agus do ghairmeacha proifisiúnta na Breataine: 'tá tuiscint, comhbhá agus samhlaíocht de dhíth air, faoi mar atáid de dhíth ar phíosa innealra a dhéanann gnó ceaptha'. Ar shlí amháin, níl aon nuacht sa mhéid seo, cuireadh leatrom chóras na scrúduithe fearg air ó laethanta a óige i leith; ní chuirfí faoi Scrúdú na Meánteistiméireachta i Scoil Éanna ach na mic léinn a raibh a leithéid sin á lorg ag a muintir dóibh. Is í an nuacht a ghabhann leis seo ná an creideamh go *mbraitheann* saoirse oideachais in Éirinn ar neamhspleáchas polaitíochta . . . tá an polasaí sin, 'talamh slán' a dhéanamh d'Éirinn, imithe ar lár. Mar a dhearbhaigh sé go neamhbhalbh i gcaibidil dheireanach a leabhair, 'Nuair atáimid Saor', b'ionann an córas oideachais a mba mhaith leis a fheiscint in Éirinn a bhaint amach agus 'fáil réidh

republic severely threatened by financial difficulties. By 1912 more and more of his energy was diverted into coping with the financial problems of the school.

If the years after 1912 saw a rapid growth in Pearse's political involvement they also witnessed increasing difficulties with the financial security of the school. That the two processes went hand in hand is emphasised by the circumstances of his visit to the States in 1914. The fees he earned during the trip from his lectures on political topics were sent immediately to his brother at St. Enda's to help pay the bills.

By 1913 the then incessant threat of financial extinction to the school must have been deeply disillusioning to Pearse. However with his growing knowledge of such separatist writers as Wolfe Tone, John Mitchel and Thomas Davis, leavened perhaps with elements of James Connolly's economic arguments, a broader explanation of these difficulties presented itself. His mistake, it must now have seemed to him, had been in thinking that his 'child-republic' could succeed without a broader political republic to embrace and support it. This, at any rate, is the logic behind his most famous educational tract, *The Murder Machine* which came out in 1914.

He uses the metaphor of the machine to describe the ruthlessness of an educational system that moulds pupils to the requirements of the British Civil Service and the professions: 'it is devoid of understanding, of sympathy, of imagination, as is any other piece of machinery that performs an appointed task'. In one sense there is nothing new in this; from his earliest years he had been indignant about the oppressiveness of the examination system; at St. Enda's only pupils whose parents requested it would be sent forward for the Intermediate Examina-

Liam Mac Piarais agus Fianna sciathánacha i bhfearann na scoile le linn cheann de léirithe drámatúla na scoile

Willie Pearse with winged Fianna in the school grounds during one of the school's dramatic productions

e Ciste na Breataine, ní hamháin sin, ach áil réidh leis an gceangal Breataineach'. I nblianta deireanacha a shaoil, bhí an ʼiarsach, an t-oideachasóir, ag nascadh leis n bPiarsach, an reibiliúnaí.

D'eascair a fhís phearsanta ar an ʼideachas ón seanchóras Éireannach agus, lar leis, b'é Cú Chulainn incholú déalach shuáilcí laochúla an chórais sin.

measc na manaí atá leagtha ar Chú Chulainn a bhí ar taispeáint sa scoil bhí: Is fearr saol gairid onórach ná saol fada ʼasonórach' agus 'Ach go mbeinn oirirc, ʼa chuma liom muna mbeinn ach aon lá ʼr domhan'.

Thug sé sprid na ráiteas seo leis isteach n imeachtaí na scoile, ag féachaint chuige go bhfuil ár mbuachaillí go léir oilte ar ;hunna a shéideadh, ar phionsóireacht, ar nháirseáil, ar dhornálaíocht, ar omrascáil, ar shnámh'. Chomh luath le

tion. What is new however is the conviction that Irish educational freedom is *conditional* on political independence — gone is the policy of 'taking Ireland for granted'. As he unequivocally declares in his concluding chapter 'When We Are Free', the kind of homogeneous educational system he would wish for Ireland 'presupposes the getting rid not only of the British Treasury, but of the British connection'. In his last years Pearse the educationalist was merging with Pearse the revolutionary.

His educational vision was inspired by the early Irish system of education, and Cú Chulainn, the youthful warrior-hero of the sagas, seemed to him the ideal embodiment of its virtues. Thus he constantly sought to inspire his pupils with the heroic example of Cú Chulainn. Among the mottoes attributed to Cú Chulainn

Deasmhumhan Ó Ceithearnaigh i bpáirt 'Giolla na Naomh' i ndráma an Phiarsaigh 'An Rí, a cuireadh ar stáitse sa Díthreabh i 1912.

Desmond Carney playing 'Giolla na Naomh' in Pearse's 'An Rí', produced at the Hermitage in 1912.

1910 bhí sé ag scríobh gur cheap sé na buachaillí a bheith 'lán de chíocras chun tabhairt faoi rud éigin, chun rud éigin a chur i gcrích, chun rud éigin a fhulaingt' agus b'é seo, dar leis, 'an sprid cheart chun dul i bun stair a dhéanamh'.

Arbh é seo, mar sin . . . comhartha an laochais agus na híobairte . . . fíor-sprioc fhís oideachasúil an Phiarsaigh?

B'eol don Phiarsach go mba cheist mhórálta an cheist seo, ach bhí tallainn chontrártha á thiomáint agus níl a chuid ráiteas ar an gceist seo ag teacht le chéile i gcónaí.

Mar atá ráite cheana, chreid sé go diongbháilte gur shéan an t-oideachas ab fhearr 'múnlú' na ndaltaí de réir chlaonta pearsanta an mhúinteora nó de réir riachtanais an chórais neamhphearsanta

prominently displayed in the school wer 'Better is short life with honour than lon life with dishonour', and, 'I care nc though I were to live one day and on night, if only my fame and my deeds liv after me'.

He carried the spirit of such utterance into the school's activities by seeing to i that 'all our lads learn to shoot, to fence to march, to box, to wrestle, and t swim'. As early as 1910 he was writin of finding his boys 'full of the eagernes to attempt something, to accomplis something, to suffer something', and thi he felt was 'the right spirit in which t begin the making of history'.

Was this then — the heroic an sacrificial gesture — the true end o Pearse's educational vision?

Pearse was aware of the question as moral issue, but he seems to have bee driven by conflicting impulses, and hi statements on the matter are not alway consistent.

As already noted, he genuinely be lieved that the best education avoide 'moulding' pupils either according to th teacher's personal inclinations or to th requirements of an impersonal examin ation system. It was simply wrong to 'dri all of one's pupils into so many regulatior little soldiers or so many stodgy littl citizens'.

At the same time however, he confess ed in an article of 1909 that 'I have fo years found myself coveting the privileg of being in a position to mould, or hel to mould, the lives of boys to noble ends' A year later he was more specific abou this; if there must always be wars, h declares, then it is 'of the uttermost im portance that we should train every chil to be an efficient soldier. . .'.

What then of the adult reflections o men who, as boys, had come directly

ʼideachais. Éagóir lom ab ea é 'na mic
ἐinn go léir a dhruileáil chun saighdiúirí
ʼeaga rialta nó saoránaigh bheaga stuama
ɔ dhéanamh díobh'.

San am céanna, d'admhaigh sé in alt a
ʼcríobh sé i 1909 gur 'shanntaigh mé le
ʼlianta mar phríbhléid bheith sa riocht go
ʼhféadfainn saol buachaillí a mhúnlú, nó
ʼo bhféadfainn cabhrú leis an múnlú, le
ʼaghaidh aidhmeanna uaisle'. Bliain níos
ʼéanaí bhí sé níos beaichte ina thaobh seo;
ʼnás gá cogaí a bheith ann i gcónaí,
ʼearbhaíonn sé, ansin is 'den rí-thábhacht
ʼo bhfaigheadh gach leanbh traenáil uainn
hun a bheith ina shaighdiúir éifeach-
ʼach. . . .'

Cad mar gheall ar chuimhní na bhfear
ʼásta a bhí tagtha faoi lé dhíreach an
ʼhiarsaigh agus iad ina mbuachaillí i Scoil
ʼanna?

Scríobh Denis Gwynn, a bhí ina mhac
ʼéinn i dTeach Cullenswood sna blianta
ʼ908-10, alt ar an bPiarsach i 1923, i
ʼtréimhse an tseirfin i ndiaidh an
ʼhogaidh Chathartha. Faoin am seo bhí
ʼwynn tagtha ar an tuairim gur bhain an
ʼiarsach feidhm as an scoil 'mar uirlis
hun núicléas de pholaiteoirí óga a
ʼholáthar dó féin a leanfadh go dtí an
ʼcafall é'. Níorbh fhéidir le tuismitheoirí
ʼa mac léinn seo eachtra ar nós Éirí
Λmach 1916 a bhreathnú roimh ré:
ʼníorbh fhéidir leo aird dháiríre a
ʼhabhairt ar rud a mba léir a bheith
ʼocheaptha ag an am, agus bhí gnaoi acu
ʼr antoisceach, ag aithint go mba fhear é
ʼfhéadfadh daoine gan samhlaíocht a
ʼpreagadh, bíodh go rabhadar dall i gcónaí
ʼr an acmhainn a bhí aige ar dhearg-
ʼirscrios'. Is í conclúid dhíomách Gwynn
ʼdtuairisc ghinearálta ainriail na hEorpa,
ʼBhaile Átha Cliath go dtí Moscow, nach
ʼhfuil aon amhras ach go seasann an
ʼiarsach i dtosach na buíne'.

In ainneoin aon bhreith a thabharfar ar

The school crest, bearing the motto 'Strength in our hands, Truth in our tongues, and Purity in our hearts'.

under the influence of Pearse at St.
Enda's?

Denis Gwynn, who had been a pupil
at Cullenswood House from 1908-1910,
wrote an article on Pearse in 1923, in the
bitter aftermath of the Civil War. By that
stage Gwynn had come to the conclusion
that Pearse had used the school 'as the in-
strument to provide himself with the
nucleus of a band of young politicians
who would follow him to the scaffold'.
The parents of those pupils could not
have anticipated such an event as the 1916
Rising; they could not 'regard seriously
what seemed so obviously inconceivable,
and they loved an extremist, recognising
him as a man who could inspire un-
imaginative people, but whose capacity
for reckless destruction they had never
suspected'. Gwynn's disenchanted conclu-
sion is that 'in the general record of Euro-
pean anarchy, from Dublin to Moscow,
Pearse stands undeniably in the foremost

41

Sʒoil Éanna,
Ráč Ƒeaṗnáin.

éamonn ḃuilƒin ı n-a " Caıṗḃṗe "
ı " The Coming of Fionn,"
máṗc̄a 1909.

Ƒeaṗʒuṗ Ó Ṫúnlaınʒ
ı n-a " Čúčulaınn "
ı " mac-ʒníoṁaṗċaıḃ
Čúčulaınn,"
meıċeaṁ 1909.

Ṫonnċaṫ mac Ƒınn ı n-a " Ƒıonn "
ı " The Coming of Fıonn,"
máṗc̄a 1909.

St. Enda's College, Rathfarnham :
(1) Eamonn Bulfin as " Cairbre " in " The Coming of Fionn," March 1909 ; (2) Frank Dowling as " Cuchulainn " in the Cuchulainn Pageant, June 1909 ; (3) Denis Gwynn as " Fionn " in " The Coming of Fionn," March 1909.

fhírinne na ráiteas seo, nó a mhalairt, ar a laghad fíorann siad ceann de bhun-phrionsabail oideachais an Phiarsaigh: níl aon amhras ach go mba mhac léinn é seo nár ghabh aon bholscaireacht dallta chuige mar gheall ar a mháistir. B'oth leis ina iomláine, nuair a bhí sé éirithe suas, eitic fhuilíobairte a mháistir. Ait go leor, tugann ionsaí neamhbhalbh Gwynn ar pholaitíocht an Phiarsaigh teistiméireacht ar a fheabhas mar oideachasóir.

Is ait an ní é, leis, go mba lú an t-amhras a bhí ag daltaí scoile a d'éirigh suas sna blianta i ndiaidh Chogadh na Saoirse, agus ar foilsíodh scríbhinní *roghnaithe* leis an bPiarsach dóibh, ar a thuairimí ná an t-amhras a bhí acu siúd a tháinig faoina lé féin agus iad ina ndaltaí i Scoil Éanna.

Duine eile de mhic léinn an Phiarsaigh ab ea Deasún Ó Riain. Seans go mba chóngaraí don bPiarsach é agus go mba mhó a thuiscint air ná ag éinne eile dá mhic léinn. Throid sé taobh leis na deartháireacha in Ardoifig an Phoist i

rank'.

Whatever one concludes about the justness or otherwise of these remarks at least they vindicate one of Pearse's fundamental educational principles: here, certainly, was one pupil who had suffered no blinding indoctrination at his headmaster's hands. Here was a pupil who grew up to regret outright his headmaster's ethic of blood-sacrifice. Ironically, by the forthrightness of his attack on Pearse's politics, Gwynn testifies to his greatness as an educationalist.

It is ironic also that schoolchildren growing up in the first decades of independence who had been exposed to selected writings of Pearse were perhaps less sceptical of Pearse's ideas than those who had been directly inspired by him as pupils at St. Enda's.

Another pupil of Pearse's was Desmond Ryan. He was perhaps closer to Pearse and understood him better than any other of his pupils. Ryan fought beside the

42

1916. Vótáil sé i bhfábhar an Chonartha i 1922. Tá cuntas tuisceanach mothálach tugtha aige ina leabhar, *Remembering Sion,* ar na blianta a chaith sé i Scoil Éanna. Scríobh sé go hachomair ar an bPiarsach:

Bród mórálta agus intleachtúil ab ea é teacht faoi thionchar a leithéid de mháistir. Níor mhian leis an áirithe sin de mhacasamhla de féin a chruthú, dá thuairimí agus dá chlaonta. Is suaithinseach an ní nár ráinigh an dearca céanna ar an saol lena cheann féin ag éinne dá mhic léinn, bíodh gur roinneadar go léir cuid éigin den fhealsúnacht chéanna le chéile, chomh maith le hurraim mhór dá máistir.

Pearse Brothers in the G.P.O. in 1916. In 1922 he voted in favour of the Treaty. In his book *Remembering Sion* he has left a perceptive and sensitive account of his years at St. Enda's. He has written summarily of Pearse:

It was a moral and intellectual stimulus to come under the influence of such a master. He did not wish to turn out so many replicas of himself, his opinions and prejudices. It is significant that none of his pupils came to have an identical outlook upon life as his own, although they had one and all, something of a philosophy in common, together with a great reverence for their master.

Grúpa de mhic léinn á dtabhairt ar shiúlóid timpeall na páirce
A Group of children being taken on a walk through the park

An tAthbharr

In ainneoin an tsuaite a bhí faighte aici le bású a beirt mhac, d'oscail Bean Mhic Phiarais Scoil Éanna arís i dTeach Cullenswood i bhFómhar na bliana 1916 (bhí saighdiúirí Breataineacha tar éis an Díthreabh a lonnú i ndiaidh an Éirí Amach). Dhein máistir de dhearthái Thomáis Mhic Dhonnchadha, Seosamh. I mí na Nollag scaoileadh beirt iarscoláire a throid san Éirí Amach, Proinsias de Búrca agus Brian Seoighe, saor ó ghéibheann sa Bhreatain Bhig agus d'fhilleadar chun na scoile mar mhúinteoirí. Sa bhliain 1920, fuair Proinsias de Búrca post an mháistir, post ar lean sé ann go dtí gur dúnadh an scoil ar deireadh thiar.

D'fhill Scoil Éanna ar an Díthreabh sa bhliain 1919. Ba cheann de choinníollacha an léasa a shínigh Pádraig do William Woodbyrne go raibh rogha leis go bhféadfaí an t-eastát a cheannach thar barr amach ar £6,500 roimh an 1ú Iúil 1920. Nuair a bhíothas ag druidim leis an dáta seo, cuireadh feachtas ar bun i Meiriceá chun an Díthreabh a cheannach amach ar son Bhean Mhic Phiarais. Cuireadh an t-airgead i dtoll a chéile agus ghlac Bean Mhic Phiarais sealbh ar an Díthreabh i mí na Nollag, 1920.

Bíodh gur fhill Scoil Éanna ar an Díthreabh bhí an sprid anamúil a bhain léi sna blianta tosaigh agus í faoi stiúrú an Phiarsaigh imithe an lár go brách. Lean na deacrachtaí airgid agus laghdú na n-uimhreacha agus b'iad ba chúis le dúnadh na scoile i ndeireadh báire i 1935.

Toisc go mba í ar an té ba cháiliúla agus ba mhó ómós ar mháithreacha na hÉireann, toghadh Bean Mhic Phiarais le bheith sa chéad Dáil i 1919. Labhair sí amach go tréan i gcoinne théarmaí an

Aftermath

Despite the trauma of having recently lost her two sons Mrs. Pearse reopened St. Enda's in Cullenswood House in the autumn of 1916 (British soldiers had occupied the Hermitage in the wake of the Rising). Thomas MacDonagh's brother Joseph became headmaster. In December 1916 two past-pupils who had fought in the Rising, Frank Burke and Brian Joyce, were released from internment in Wales and returned to teach in the school. In 1923 Frank Burke took over as headmaster, a position he was to retain until the school's eventual closure.

St. Enda's returned to the Hermitage in 1919. One of the conditions of the lease Patrick had signed with William Woodbyrne had been an option to buy out the property for £6,500 before the 1st July, 1920. As this date drew nearer a campaign was launched in America to buy out the Hermitage on Mrs. Pearse's behalf. The money was duly raised and Mrs. Pearse became the owner of the Hermitage in December 1920.

Though St. Enda's returned to the Hermitage, the same dynamic spirit which had characterised its first years under Pearse's guidance had been irretrievably lost. Continuing financial difficulties and dwindling numbers eventually brought about its closure in 1935.

As the most famous and exalted of Irish mothers, Mrs. Pearse was elected to the first Dáil in 1919. In 1922 she spoke out vehemently against the terms of the Treaty, arguing that her sons would never have agreed to them. Later in the twenties she became a senator and a member of the Fianna Fáil executive.

Mrs. Margaret Pearse died in April, 1932. In her will she bequeathed the Her-

An Seanadóir Máiréad Nic Phiarais i dteannta an Taoisigh, Éamonn de Valera, ag seirbhís chuimhneacháin i gCill Mhaighneann sna caogadaí

Senator Margaret Pearse with an Taoiseach Éamon de Valera at a memorial service in Kilmainham in the 1950's

Chonartha sa bhliain 1922, ag áiteamh nach nglacfadh a beirt mhac leo choíche. Dhein seanadóir di níos faide anonn sna fichidí agus ball de Choiste Feidhmeannais Fhianna Fáil.

Cailleadh Máiréad Bean Mhic Phiarais in Aibreán na bliana 1932. D'fhág sí an Díthreabh le huacht ag a hiníon, Máiréad, ar feadh a saoil agus ina dhiaidh sin ag an Stát.

Lean an Seanadóir Máiréad Nic Phiarais uirthi ag cur fúithi sa Díthreabh, cadhan aonair i dteach mór a raibh fuaimeanna spleodracha buachaillí scoile go fraitheacha ann aon uair amháin. Ar bhás di i 1969, tháinig an teach agus an t-eastát faoi chúram an Stáit, agus tá siad anois faoi aireachas Sheirbhís na bPáirceanna agus na Séadchomarthaí Náisiúnta d'Oifig na nOibreacha Poiblí.

mitage to her daughter Margaret for the duration of her life and thereafter to the nation.

Senator Margaret Pearse lived on at the Hermitage, a solitary in a big house that had once resounded with the boisterous sounds of schoolboys. On her death in 1969 the house and grounds passed into State care, and are now maintained by the Parks and Monuments Service of the Office of Public Works.

Máiréad Bean Mhic Phiarais i mblianta deireanacha a saoil. Íomhánna a beirt mhac atá ar an mbróiste ar a bóna.

Mrs. Margaret Pearse in her declining years. The collar brooch bears the images of her two sons

NÓTAÍ

Teach an Phiarsaigh, Ros Muc, Co. na Gaillimhe
Pearse's Cottage, Rosmuc, Co. Galway.

Thóg an Piarsach an teach beag seo i Ros Muc cois cladaigh locha álainn i gceartlár Ghaeltacht Chonamara. Léiríonn an teach seo dhá cheann de phaisiúin a shaoil: a ghrá do theanga na Gaeilge agus do sprid na Gaeltachta agus a íogaireacht leith áilleacht nádúrtha thalamh na hÉireann.

Tá an teach seo faoi chúram Sheirbhís na bPáirceanna agus na Séadchomharthaí Náisiúnta d'Oifig na nOibreacha Poiblí. Bíonn cead isteach ag cuairteoirí ó lár mhí Iúil go dtí lár mhí Mheán Fhómhair.

Tuilleadh eolais le fáil ach glaoch a chur ar (01) 613111 x 2384.

Pearse built this small cottage at Rosmuc by the shores of a picturesque lake in the heart of the Connemara Gaeltacht. The house expresses two of the passions of his life: his love of the Irish language and the spirit of the Gaeltacht and his deep sensitivity to the natural beauty of the Irish landscape.

The cottage is now under the care of the National Parks and Monuments Service of the Office of Public Works. It opens to visitors between mid-June and mid-September.

For further information please ring (01) 613111 x 2384.

FURTHER READING

The Literary Writings of Patrick Pearse, Séamus Ó Buachalla (ed.), Mercier Press.
A Significant Irish Educationalist, Séamus Ó Buachalla (ed.), Mercier Press.
The Triumph of Failure: A Biography of Patrick Pearse, Ruth Dudley-Edwards, Faber.
Pádraig Mac Piarais agus Éire lena linn, Séamus Ó Buachalla, Mercier Press.

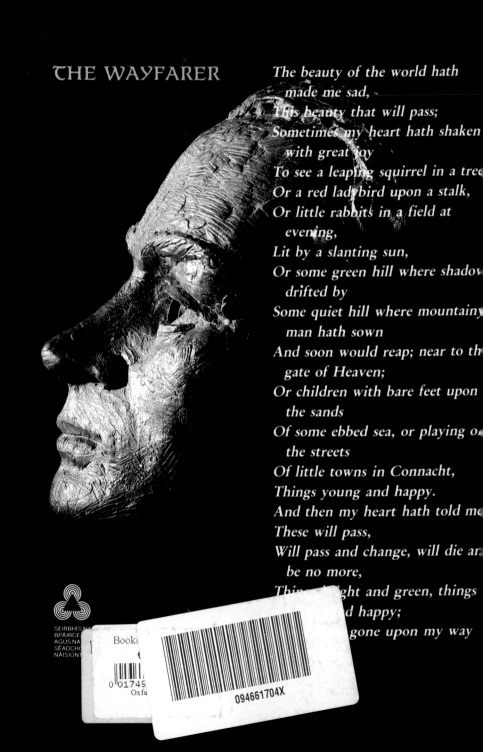

THE WAYFARER

The beauty of the world hath
  made me sad,
This beauty that will pass;
Sometimes my heart hath shaken
  with great joy
To see a leaping squirrel in a tree
Or a red ladybird upon a stalk,
Or little rabbits in a field at
  evening,
Lit by a slanting sun,
Or some green hill where shadows
  drifted by
Some quiet hill where mountainy
  man hath sown
And soon would reap; near to the
  gate of Heaven;
Or children with bare feet upon
  the sands
Of some ebbed sea, or playing on
  the streets
Of little towns in Connacht,
Things young and happy.
And then my heart hath told me
These will pass,
Will pass and change, will die and
  be no more,
Things bright and green, things
  young and happy;
. . . gone upon my way

immigration victims

employment

free speech

education

police
complaints

access to

legal advice

environment

domestic violence

Committee
on the
Administration
of Justice

CAJ

HANDBOOK

4th edition

CIVIL
LIBERTIES

IN NORTHERN IRELAND